UN PROVERBIO AL DÍA

SABIDURÍA DIARIA PARA VIVIR

Mike Smith

Franklin Publishing

PRINCETON, TEXAS

Franklin Publishing
1215 Juniper
Princeton, Texas 75407

www.FranklinPublishing.org

Impreso en los Estados Unidos de América

Sustantivo © 2019 Franklin Publishing

Un Proverbio Al Dia / Mike Smith. —1st ed.

ISBN – 13:   978-1-7320028-2-1

ISBN – 10: 1-7320028-2-1

Contents

⁴ y él me enseñaba y me decía: Retenga tu corazón mis palabras, guarda mis mandamientos y vivirás.
⁵ Adquiere sabiduría, adquiere inteligencia; no te olvides ni te apartes de las palabras de mi boca.
⁶ No la abandones y ella velará sobre ti, ámala y ella te protegerá,
⁷ Lo principal es la sabiduría; adquiere sabiduría, y con todo lo que obtengas adquiere inteligencia.
⁸ Estímala, y ella te ensalzará; ella te honrará si tú la abrazas;
⁹ guirnalda de gracia pondrá en tu cabeza, corona de hermosura te entregará.

Salomón, hijo de David, rey de Israel

– Proverbios 4:4-9 (LBLA)

Introducción

El propósito de un proverbio al día es proporcionar una guía para el tiempo devocional diario. Como un joven cristiano, me llegó el desafío de leer diariamente un capítulo de Proverbios, un libro de sabiduría dado principalmente de padre a hijo. Yo debía leer el capítulo de Proverbios que coincidía con el día del mes. Así pues, si hoy fuera el 17 de junio, leería proverbios 17, y así sucesivamente.

Creo que estamos en una guerra espiritual diaria con Satanás. Necesitamos la Palabra de Dios para armarnos contra los ataques de Satanás. Necesitamos una reflexión seria; Necesitamos oraciones específicas, y sí, necesitamos reírnos todos los días para ayudarnos a superar la vida.

Las reuniones familiares suelen ser un momento de comida, diversión y consejos francos. En nuestra reunión de Acción de Gracias el 26 de noviembre de 2015, participamos en tres actividades familiares:

1. Uno por uno, compartimos algo por lo que estuvimos muy agradecidos.
2. Uno por uno, escribimos en tarjetas de Navidad y las enviamos a un misionero; este misionero podría utilizar estas tarjetas como un tema de conversación para compartir el evangelio.
3. Uno por uno, compartimos nuestra "pregunta y respuesta" favorita o broma cursi. Así, estos chistes representan los "Chistes" en este libro. Para decir lo menos,

estos chistes no son originales. Muchos de estos chistes pueden ser encontrados en la impresión de *La Enciclopedia de la Gran Broma de Barbour*. En cuanto a los otros chistes, los autores desean permanecer en el anonimato.

Mi oración es que Un Proverbio Al Día te anime a tener un tiempo devocional diario con Dios. He organizado cada tiempo devocional diario de la siguiente manera.

1. Proverbio al Día — leer el proverbio que corresponde al día del mes. El libro tiene 31 capítulos, por lo que lee un capítulo al día que se corresponde con el día del mes.
2. Orar alabanzas y peticiones a Dios.
3. Personalmente reflexionar sobre la Palabra de Dios.
4. Prepárate para reír (o no) de cada Juego de Palabras diario. (Juego de Palabras son chistes tontos en inglés y no puede traducir muy bien al español.)
5. Planear compartir lo que has aprendido y de lo que te reíste con alguien hoy.

A menos que se indique lo contrario, las Escrituras citadas son de la Versión Rey Jacobo de la Biblia.

Mike Smith

Sabiduría

El Colegio de Jacksonville, donde sirvo como presidente e instructor de religión, es una pequeña universidad de artes liberales en Jacksonville, Texas. La universidad ha existido desde su fundación en 1899. Tómate un momento para apreciar su declaración de misión: "El Colegio de Jacksonville existe para brindar una educación de calidad desde una cosmovisión bíblica que desafíe las mentes, transforme vidas y prepare a los estudiantes para el liderazgo de servicio y el aprendizaje de por vida. . ."Nota la frase" aprendizaje de por vida ". Una persona sabia nunca deja de aprender. Una persona puede cansarse de las clases, los documentos y las pruebas, pero el aprendizaje debe ser una vocación y una búsqueda de por vida.

Pasaje de Proverbios

Lee Proverbios Capítulo 1.

La sabiduría es más que adquirir hechos e información. Las palabras "sabio" y "sabiduría" se usan al menos 125 veces en Proverbios. ¿Qué es la sabiduría? Asistí a una conferencia en mi juventud y escuché al orador decir: "La sabiduría es ver la vida desde el punto de vista de Dios". En el mundo y la cultura de hoy, todos tienen su propio punto de vista, opinión, pensamientos y consejos. Por otro lado, la sabiduría bíblica es respetar a Dios y la verdad y autoridad de

Su Palabra. La sabiduría es buscar lo que Dios tiene que decir sobre cada tema y pregunta en la vida.

A medida que lea el libro de Proverbios, busque aprender y escuchar lo que Dios está diciendo. En cada clase de estudio de religión que enseño, les digo a mis alumnos que necesitan poder responder cinco preguntas básicas sobre cada libro de la Biblia: quién, qué, cuándo, dónde y por qué. Para Proverbios, las respuestas son:

¿Quién?   Proverbios 1:1 dice, "Los proverbios de Salomón, hijo de David, rey de Israel..." Salomón escribió la mayor parte de los proverbios, pero otros podrían haber contribuido.

¿Qué?   Proverbios es parte de la literatura sapiencial en la Biblia. Proverbios viene de la palabra hebrea mashal, y el significado básico es "una comparación". Mucho de los Proverbios es una comparación o contraste de la visión del mundo y el punto de vista de Dios.

¿Cuándo?   Salomón escribió tres libros de la Biblia. En el 970 A.C. como un hombre joven enamorado, él escribió la Canción de Salomón. En 950 A.C. como un hombre de mediana edad buscando la verdad, escribió los proverbios en el año 930 A.C. y ya siendo un viejo hombre compartiendo sus experiencias, escribió Eclesiastés.

¿Dónde?   Salomón vivió y escribió desde Jerusalén.

¿Por qué?   El tema principal es la sabiduría. Todo el libro puede ser descrito como:

Proverbios 1-9: Convocatoria de la sabiduría

Proverbios 10-22: Contraste de la sabiduría

Proverbios 23-31: Consejo por la sabiduría

Oración

"Dios, ayúdame a estar quieto y escucharte hoy".

Reflexión Personal

Determina dedicar 15 minutos cada día para estar quieto y leer un capítulo de Proverbios que corresponda a ese día del mes. Quédate quieto, y deja que la sabiduría de Dios te guíe.

"Juego de Palabras"

P: ¿Por qué el pollo cruzó el camino?
R: Quería tomar un viaje por carretera.

Favoritos de James Owen Springer (suegro del autor)
nacido el 7 de diciembre de 1920,

Plan para compartir hoy

Planea compartir lo que has aprendido y de lo que te reíste con alguien hoy.

✾

Conocimiento

Pasaje

Lee Proverbios Capítulo 2.

Si alguna vez te has perdido, has tomado el camino equivocado o has tenido problemas para tomar una decisión, verás el valor de Proverbios 2.

El conocimiento es poderoso. Los entrenadores ganan millones de dólares por su conocimiento del juego. Las compañías de Fortune 500 contratan a los graduados con el mayor conocimiento en sus áreas. Las personas con conocimiento van a lugares. Las personas sin conocimiento no saben qué hacer ni a dónde ir. No creo que se requiera que todos se gradúen de la universidad para poder vivir de su familia o contribuir a la sociedad. La universidad no es para todos. Muchos hombres y mujeres capaces nunca han completado la universidad; Sin embargo, en la sociedad actual, las estadísticas parecen indicar que cuanto más educación tenga una persona, mayor será su potencial de ingresos.

En los proverbios, las palabras "camino" y el "recorrido" se utilizan 100 veces. Proverbios 2 fue escrito desde la perspectiva de un padre afectivo diciéndole a su hijo a tomar el camino correcto en la vida. ¿Cómo mantenerse en el camino correcto de la vida? Caminar con

Dios (Proverbios 2:9). Observa los imperativos en estos versículos que nos dicen cómo caminar con Dios.

Busca — lee la Palabra de Dios (versículos 1, 2, 4).

Asegura — Escucha y memoriza la Palabra de Dios (versículos 1-4).

Comparte — Aplica la Palabra de Dios (versículo 2).

Salomón está diciendo en estos versículos que "si" recibes la Palabra de Dios, obtienes conocimiento y obedeces la Palabra de Dios, entonces tendrás conocimiento para tomar decisiones sabias. Este conocimiento te protegerá de los males del mundo.

La vida está llena de historias tristes sobre jóvenes prometedores que tomaron el camino equivocado, y sus vidas eran un desastre tras otro. Que desperdicio. Busca a Dios y obtén el conocimiento para ir por el camino correcto.

Oración

"Dios, te pido que me guíes a la verdad de Tu Palabra. Deseo conocerte y a tu palabra".

Reflexión Personal

cada día al leer la Palabra de Dios, escuchar a Dios y anotar una cosa para aprender. Escribir lo que Dios quiere que aprendas te ayudará a crecer en el conocimiento.

"Juego de Palabras"

P: ¿Cuál es el tipo de chiste favorito de un pájaro carpintero?
R: Un chiste noc

Favorito de James Owen Springer (suegro del autor)
nacido el 7 de diciembre de 1920,

Plan para compartir hoy

Planea compartir lo que has aprendido y de lo que te reíste con alguien hoy.

Confianza

Pasaje

Lee proverbios 3.

Proverbios 3: 5-6, "Confía en el Señor con todo tu corazón; Y no te apoyes en tu propio entendimiento. Reconócelo en todos tus caminos, y él dirigirá tus caminos.

Entre Rusk y Palestina, en los profundos pinares del este de Texas, se encuentra una pintoresca ruta ferroviaria con motor de vapor. Los turistas hacen planes y aseguran boletos con anticipación para viajar en esta atracción. En la primavera, el tren se detiene a medio camino entre Rusk y Palestina para una búsqueda gigante de huevos de Pascua. En el verano, el Llanero Solitario rescata a los pasajeros de los ladrones de trenes. En tiempo de navidad, los pasajeros pueden venir en pijamas y viajar en el Expreso Polar.

A medio camino de la ruta escénica hay un puente. Se cuenta la historia que en el primer viaje del tren, el constructor del puente estaba a bordo del tren. Cuando el tren se acercó al puente, comenzó a cuestionar si el puente soportaría el peso del tren. Si no fuera así, todos los pasajeros a bordo perecerían. La lucha interna era demasiado para él. Justo cuando el tren comenzó a cruzar el puente, saltó a su muerte. No confiaba en su propio trabajo; sin embargo, el puente se mantuvo y sigue en uso hasta el día de hoy.

La confianza es un componente crítico en todas las relaciones. En tu relación con Dios, la confianza es esencial porque la confianza cuestiona y revela lo que crees acerca de Dios. ¿Realmente crees que Él es quien Él dice que es? ¿Harás lo que dice que harás? Dios espera que confíes en Él, y espera que tu confianza en Él crezca.

La confianza es también una opción. En cada crisol de la vida, ¿confías en lo que piensas, sientes y entiendes, o simplemente confías en Dios? La confianza da evidencia de que reconoces que hay un Dios (Phillips vol.1, 78).

El escritor de himnos John H. Sammis lo dijo bien:
"Confía y obedece, no hay otro camino
para ser feliz en Jesús, sino para confiar y obedecer".

Oración

"Señor, ayúdame hoy no para seguir mi camino sino para seguirte a ti".

Reflexión Personal

Toma una hoja de papel y haz tres columnas. Etiqueta a la primera columna "decisiones". Etiqueta a la segunda columna "a mi manera". Etiqueta de la tercera columna "a la manera de Dios". En la columna de "decisiones", escribe tres decisiones que estés enfrentando. Enumera los resultados que se obtendrían al tomar la decisión "a mi manera" y enumera los resultados que se obtendrían al tomar la decisión "a la manera de Dios". Después, compara los resultados. Por último, hazlo personal. Declara que camino vas a elegir.

"Chistes"

P: ¿Cuál es otro nombre para un montón de abejas?
R: Una buena calificación

P: ¿Cómo llamas a una abeja recién nacida?
R: Una bebé-ja

Favoritos de L.C. Smith (padre del autor)

nacido el 29 de octubre, 1930

Plan para compartir hoy

Planea compartir lo que has aprendido y de lo que te reíste con alguien hoy.

※

Obedecer

Pasaje

Lee Proverbios 4.

Proverbios 4 comienza con una exhortación a obedecer y termina con una aplicación para obedecer.

Llamamiento a obedecer:

"Debido a que te doy buena doctrina, no abandones mi ley" (versículo 2). Solomon dice que su padre le enseñó; ahora, Salomón te quiere enseñar (versículos 3-4) las siguientes ventajas de la obediencia:

1. Protección (versículo 6)

Solomon dice amar a la sabiduría, para intentar conocer lo que Dios dice, y obedecer Su Palabra. El resultado es la protección.

2. Principio (versículo 7)

Solomon está tratando de mostrar la importancia de la sabiduría. Una vez que conoces la Palabra de Dios, esta te guiará en cada decisión de la vida, por ejemplo, qué escuela, qué ocupación seguir, con quién casarse, dónde vivir.

Aplicación de obedecer:

Solomon cierra este proverbio con una aplicación física acerca de cómo obedecer. En los versículos 23-27, él utiliza distintas partes de la carrocería para recordarnos cómo aplicar la sabiduría.

1.   Corazón (versículo 23).

El corazón es la fuente de todas las acciones. Tu corazón debe ser correcto si la vida debe vivirse de forma correcta.

2.   Boca (versículo 24).

Las palabras de una persona pueden meter a él o ella en problemas.

3.   Ojos (versículo 25).

Mucha tentación comienza con el ojo. Cada año en el Colegio de Jacksonville, hago un llamamiento a los estudiantes en el ámbito de la vestimenta. Los hombres son excitados por una "mirada". El vestido provocativo tienta a la carne. La tentación de Satanás a Eva en el jardín del edén fue a través de un "vistazo" al fruto prohibido.

4.   Pies (Versículos 26-27)

Ten cuidado de a dónde vas. Si evitas los bares o lugares donde se sirve alcohol, hay buenas probabilidades de que no te emborracharás.

Oración

"Dios, guía mi corazón, boca, ojos y pies hoy, para que te obedezca".

Reflexión Personal

Lee la Palabra de Dios para comenzar tu día de modo que tengas el poder y la protección a donde vayas.

"Chiste"

P: ¿Cómo llamas a un oso sin dientes?
R: Un oso gomoso

Favorito de L.C. Smith (padre del autor)
nacido el 29 de octubre, 1930

Plan para compartir hoy

Planea compartir lo que has aprendido y de lo que te reíste con alguien hoy.

Sexo

Pasaje

Lee proverbios 5.

El tema dominante de Proverbios 5 es el sexo. El tema dominante del mundo es el sexo. Parece que casi todas las canciones se reproducen, todos los programas se emiten y todos los anuncios publicitarios están llenos de insinuaciones sexuales sugestivas. Hace poco vi un comercial donde una pareja de 80 años estaba sentada en la mesa del desayuno. El comercial describía comer cereales de desayuno como una manera de mejorar tu vida sexual. Algunos comerciales son todos sobre el sexo y solo tienen una escena al final para mostrar el producto que realmente están vendiendo. Toda perversión del sexo parece ser aceptada por la sociedad. Por esta razón, los padres necesitan tener conversaciones con sus hijos sobre el sexo. Aunque estas conversaciones pueden ser incómodas, un padre no puede permitirse el lujo de descuidar esta responsabilidad. Si bien este capítulo fue escrito desde una perspectiva masculina, el mensaje también se aplica a las mujeres. Las madres necesitan tener discusiones sobre el sexo con sus hijas. Proverbios da un buen esquema para esta charla.

Consejo contra el adulterio (versículos 1-4)

El adulterio es utilizado para describir cualquier relación sexual fuera de los lazos del matrimonio (Éxodo 20:14; Levítico 20:10; Proverbios 2:16-19; 6:20-35; 7:1-27). Los términos utilizados en estos versículos, "Mujer suelta", "esposa del vecino", "mujer extraña" y "La mujer extranjera" todos se refieren a las relaciones sexuales fuera del matrimonio. El sexo fuera del matrimonio es atractivo, pero en realidad, es tan destructivo como una espada de dos filos.

Consecuencias del adulterio (versículos 4-23)

1. Deja un amargo recuerdo y culpabilidad (versículo 4)
2. Lleva al infierno (versículo 5)
3. Destruye tu salud (versículo 9)
4. Te roba financieramente (Los amoríos son caros). (Verso 10)
5. Desacredita a la iglesia (versículo 14)
6. Te despoja de buen sexo con tu cónyuge (Versículos 15-20)
7. No escapa del conocimiento de Dios (versículo 21)
8. Te separa de Dios (Versículos 22-23)

Oración

"Dios, mantén mi mirada en Jesús. Mantenme obediente a mi pacto con mi esposo. Dame fuerza para decir "no" a la tentación".

Reflexión Personal

Habla con tus hijos e hijas antes de que sea demasiado tarde. Habla con tu cónyuge, y deja que él o ella te satisfaga porque eso es un designio de Dios y es el mejor camino.

"Chistes"

P: ¿Qué excusa le dio Adán a sus hijos del por qué ya no vivía en el Jardín del Edén?

R: "Hijos, cuidado de dónde elijan las manzanas".

P: ¿Qué tienen las personas hoy que Adán no tenía

R: Antepasados

Favoritos de Dot Smith (madre del autor
 nacida el 6 de marzo, 1933.

Plan para compartir hoy

Planea compartir lo que has aprendido y de lo que te reíste con alguien hoy.

🌺

Lista de cosas que odia Dios

Pasaje

Lee Proverbios 6.

La gente ha usado listas durante siglos. Las madres hacen listas de compras; los comediantes tienen sus listas de los "diez mejores", y el FBI tiene sus listas de "los más buscados". Dios tiene su lista de siete cosas que odia que comienzan en Proverbios 6: 16-19. La iglesia a menudo se refiere a esta lista como los "siete pecados mortales".

El versículo 16 es una expresión hebrea idiomática e implica que hay más de siete pecados mortales, pero siete serán tratados aquí. Los siete pecados mortales son características de Lucifer. Jesús es el contraste. Los primeros cinco pecados mortales se refieren a partes del cuerpo, y los dos últimos se refieren a personas malas.

1. Orgullo / Mirada orgullosa / Ojos (versículo 17)
    Esta persona es arrogante y se niega a confiar en Dios. Este pecado describe la actitud del corazón.
2. Mentiras / Lengua de mentira (versículo 17)
    Esta persona no tiene ningún respeto o valor por la verdad y distorsionará la realidad. Este pecado a menudo conduce a trastornos de personalidad psicopática.

3. Ira / Manos (verso 17)
   Esta persona carece de autocontrol y, a menudo, actuará violentamente con las manos antes de pensar.
4. Envidia / Corazón (versículo 18)
   Esta persona diseña planes malvados y no tiene en cuenta el bien o el mal. Esta persona es egoísta y hará cualquier cosa para salirse con la suya. Esta es una persona sociopática.
5. Avaricia / Pies (versículo 18)
   Esta persona quiere algo por nada y se apresura a hacer el mal.
6. Testigo falso / Persona que miente (versículo 19)
   Esta persona miente, incluso en la corte, sin tener en cuenta la verdad, la justicia y el orden en la sociedad. Se preocupa solo por sí mismo y no por los demás.
7. Sembrar la discordia / persona que causa conflicto (versículo 19)
   Esta persona chismea, miente, causa problemas y causa conflicto sin tener en cuenta lo que le hace a otras personas. Este comportamiento a menudo rompe las relaciones, ya sea con los cónyuges, con la familia, con amigos o con la iglesia.

Oración

"Dios, ayúdame a evitar estos siete pecados hoy. Ayúdame a ser más como Jesús".

Reflexión Personal

Toma notas durante todo el día. Al final del día, enumera los siete pecados capitales que observaste. ¿Mostraste un pecado por el cual necesitas arrepentirte?

"Chiste"

P: ¿A qué hora del día fue Adán creado?
R: Justo antes de Eva

Favorito de Dot Smith (madre del autor)
nacida el 6 de marzo, 1933.

Plan para compartir hoy

Planea compartir lo que has aprendido y de lo que te reíste con alguien hoy.

PROVERBIOS 7

La Mala Compañía Contamina El Buen Carácter

Pasaje

Lee proverbios 7.

Los padres participativos necesitan preocuparse acerca de quiénes son los amigos de sus hijos. Proverbios 7 es una escena con un padre que advierte a su hijo acerca de "pasar tiempo" con mala compañía. Este padre narra una historia de mirar por la ventana y ver a un hombre descarriado.

Observa los medios por los cuales la mujer retratada en este proverbio conduce al hombre a extraviarse.

1. Ropa de prostituta (versículo 10)
    Un hombre es tentado y despertado por la vista.
2. Búsqueda (Versículos 11-12)
    La mujer es la perseguidora en lugar del hombre. Ella es la agresora e invierte el papel. Los hombres débiles son vulnerables a este comportamiento.
3. Contacto Físico (versículo 13)

La mujer lo besa. Los besos sensuales o toques debilitan la defensa de un hombre.

4. Paz (versículo 14)

   Una interpretación de este verso es que la mujer intenta justificar el pecado diciendo, "Yo he ido al templo e hice mi ofrenda, así que ahora tengamos un poco de diversión". Ella piensa que mentir sobre ser religiosa en Domingo es recompensado con diversión el sábado. La otra interpretación es que la mujer es una prostituta en un templo de culto y que tiene que pagar su ofrenda.

5. Palabras agradables (Versículos 15-16)

   El idioma erótico es estimulante y seductor.

6. Perfume (versículo 17)

   Los sentidos son despertados por el olfato.

7. Dada la oportunidad (Versículos 18-20)

   La mujer continúa justificando el pecado.

Lamentablemente, los hombres buenos con una vida plena son extraviados y destruyen sus vidas por unos pocos momentos de placer físico. Que tan alto precio a pagar.

Oración

"Dios, ayúdame a elegir cuidadosamente a mis amigos y los lugares a donde vaya".

Reflexión personal de

¿Cómo el hombre podría haber evitado y cómo yo puedo evitar esta trampa sexual?

"Chistes"

P: ¿Qué tipo de música los trabajadores metalúrgicos escuchan?
R: Metal pesado

P: ¿Cómo llamas a un médico perezoso?
R: Dr. Doolittle

Favoritos de Carol Elaine Springer Chambers (cuñada del autor) nacida el 24 de julio de 1946

Plan para compartir hoy

Planea compartir lo que has aprendido y de lo que te reíste con alguien hoy.

Creador

Pasaje

Lee proverbios 8.

Parte de la declaración de la misión en el Colegio de Jacksonville es "brindar una educación de calidad desde una cosmovisión bíblica". Por lo tanto, nuestros maestros de ciencias son creacionistas. Ellos enseñan como la Biblia presenta la verdad de que Dios es Creador. El mundo enseña desde una perspectiva evolucionista. Esta cosmovisión es una de caos, aleatoriedad y accidentes. Algunos científicos utilizan la teoría del "Big Bang" para explicar la existencia de nuestro mundo.

La cosmovisión bíblica es el relato del Génesis que dice: "En el principio, Dios creó el cielo y la tierra". El mundo es una obra maestra del diseño, la belleza, la función y la sabiduría. Una observación honesta del mundo lleva a la conclusión de que un diseñador inteligente creó esta maravilla.

La palabra "poseído" en Proverbios 8:22 en la versión Rey Jacobo de la Biblia en la Septuaginta (la traducción griega del Antiguo Testamento) significa "creado". La enseñanza de que Dios es Creador molesta e irrita a algunos científicos. Sin embargo, toda la creación es el escenario en el que Dios muestra su sabiduría. Mira cómo Dios es el creador:

1. Mar (versículo 24).

De los 197 millones de kilómetros cuadrados de la superficie de la tierra, 145 millones de kilómetros cuadrados están por debajo del mar. Dios creó esta relación. Sin esta relación perfecta, la temperatura y las estaciones cambiaría desastrosamente (Phillips vol 1, 200).

2. Estrellas (Versículos 27-28)

El ojo humano puede ver unas siete mil estrellas. Tan solo en nuestra galaxia, la Vía Láctea, se dice que hay más de cien mil millones de estrellas. Estas estrellas, la luna, el sol y la tierra están en movimiento. La Luna gira alrededor de la tierra, la tierra alrededor del sol, y el sol alrededor de la galaxia—todo funcionando a velocidades y distancias precisas. Si la tierra girase más rápido, saldríamos expulsados de la tierra; si la tierra girará un poco más lento, nos congelaríamos hasta la muerte. Si la tierra estuviera más cerca del sol, nos quemaríamos (Phillips vol 1, 205).

Porque Dios es el Creador, él es soberano. Dios está en su trono y controla todas las cosas. Esta verdad debe motivarnos para servirlo.

Oración

"Dios, me inclino ante ti como creador. No hay ninguno como tú, y junto a ti, no hay otro. Gracias por un mundo hermoso".

Reflexión Personal

Así como Dios tiene un plan para todo lo creado, él tiene un plan para ti y para mí. Piensa en cómo Dios ha trabajado en su vida, y anótalo. Admira su creación.

"Chiste"

P: ¿Por qué el repollo ganar la carrera?
R: Fue por delante.

Favorito de Carol Elaine Springer Chambers (cuñada del autor) nacida el 24 de julio de 1946

Plan para compartir hoy

Planea compartir lo que has aprendido y de lo que te reíste con alguien hoy.

El Temor del Señor

Pasaje

Lee proverbios 9.

Proverbios 9:10 dice: "El temor al Señor es el principio de la sabiduría". El temor al Señor es asombrarse y estar lleno de reverencia y respeto por quién es Dios. Les digo a mis alumnos que cuando los escribas estaban copiando las Escrituras y acudían al nombre de Dios, soltaban sus bolígrafos, se iban a lavar y se cambiaban de ropa y volvían a escribir "Dios". Cuando volvían a encontrarse con nombre de Dios, repetían el ritual. Si bien este ritual puede parecer tonto y ridículo, reveló una gran reverencia y respeto por Dios.

Hoy en día, el respeto por alguien rara vez se ve. Demasiadas personas tratan a todos y a todo como "comunes". En tiempos pasados, los padres corregían a sus hijos diciendo: "¡No corras en la iglesia! ¡Cállate en la casa de Dios! "Cuando un predicador visitaba a alguien y esa persona estaba bebiendo cerveza, la ocultaba por respeto a un hombre de Dios. Hoy, esa persona probablemente le ofrecerá al predicador una lata y continuará bebiendo.

En la década de 1700, Jonathan Edwards leyó un sermón llamado "Pecadores en las manos de un Dios enojado". Mientras leía, la gente literalmente se caía por los pasillos, llorando y gritando por temor a Dios. Hoy no es así. La gente ha visto tantos tiroteos y bombardeos en las noticias diarias y programas de entretenimiento que son insensibles a los horrores del infierno y al temor de Dios.

El temor al Señor o el respeto o la reverencia por quién es Él te guiará a tratar las cosas de Dios de manera diferente. Creerás que la Biblia es la Palabra inspirada, inerrante e infalible de Dios y buscarás conocerla. Tomarás tiempo para adorar a Dios diariamente, no en forma estacional. Darás los diezmos, no por deber, sino por amor y devoción como una confianza en quién es Dios. Irás a la iglesia para tener comunión con el pueblo de Dios y expresar amor a Dios. Servirás a los hambrientos y mostrarás el amor de Dios a los demás.

Oración

"Dios, tú eres santo, y junto a ti, no hay otro. Me inclino en el amor y respeto".

Reflexión Personal

Enlista las maneras en que puedes expresar el temor de Dios hoy.

"Chistes"

P: ¿Por qué el panadero de donas se jubiló?
R: Su vida se estaba yendo al hoyo.

P: ¿Por qué los cerillos no juegan béisbol?
R: Un strike y se apagan.

Favoritos de Edmond Mason Rollins (sobrino del autor)
nacido el 30 de octubre de 1968

Plan para compartir hoy

Comparte un atributo de Dios hoy con alguien. Cuando alguien no respete a Dios usando su nombre como una grosería, expresa tu respeto a Dios.

Trabajo

Pasaje

Lee proverbios 10.

Proverbios 10: 5, 26, "El que se reúne en verano es un hijo sabio, pero el que duerme en la siega es un hijo que avergüenza... "Como vinagre para los dientes, y como humo para los ojos, así es el perezoso para los que lo envían".

Estoy agradecido de que mis padres me inculcaron una fuerte ética de trabajo. Mi padre dejó el negocio de la tala de árboles en Alabama para ir a los campos petroleros de Texas. Comenzó en la parte inferior y trabajó duro. En un momento, fue el contratista independiente más grande de yacimientos petrolíferos en Texas con más de 200 vehículos para los que tuvo que comprar etiquetas. Mi madre, como mi papá, nunca terminó la secundaria. Se puso en la escuela de esteticistas y abrió un salón de belleza. Más tarde, abrió una tienda de antigüedades, y al final de su vida, fue diseñadora y fabricante de ropa para niños.

Mis padres lograron el éxito porque trabajaron. Mi papá solía decirme: "Haz algo. Incluso si está mal, simplemente haz algo". Mis padres tenían muy poca paciencia o simpatía por las personas perezosas. Me pasaron este rasgo. He visto trabajadores perezosos que siempre están buscando más dinero y menos trabajo. He sido testigo de estudiantes perezosos que postergan la fecha límite. Pierden sus becas y se les castiga; Algunos estudiantes son despedidos de la universidad.

Un "perezoso" en la versión Rey Jacobo es una persona perezosa, por ejemplo, alguien que posterga y trata de evitar el trabajo. El comediante W.C. Fields dijo: "El hombre más perezoso que he conocido pone palomitas de maíz en sus panqueques para que se den la vuelta por sí mismos".

Los versículos 5 y 26 urgen contra la pereza y la dilación. La gente en el este de Texas dice: "Haz heno mientras brilla el sol". El versículo 26 expresa la irritación y el desdén que causa una persona perezosa. Valora el trabajo y agradece a Dios por la oportunidad y la salud para trabajar.

Oración

"Dios, gracias por haberme dado la oportunidad, la salud y la habilidad para trabajar".

Reflexión Personal

Enlista los trabajos que has tenido y cómo Dios los usó para enseñar. Enlista el trabajo de tus sueños y lo que se necesita para lograrlo.

"Chiste"

P: ¿Qué animal tiene más vidas que un gato?
R: Una rana, porque hace croac cada noche.

Favorito de Edmond Mason Rollins (sobrino del autor) nacido el 30 de octubre de 1968

Plan para compartir hoy

Planea compartir lo que has aprendido y de lo que te reíste con alguien hoy.

Consejo

Pasaje

Lee proverbios 11.

Proverbios 11:14 dice: "Donde no hay consejo, la gente se cae; pero en la multitud de consejeros hay seguridad". La palabra "consejo" en este verso significa "timonel". Un timonel es un guía o una persona que pone la dirección de un barco. Confiar en tu propia sabiduría al tomar decisiones en la vida es peligroso. Necesitas a otras personas. ¿Quiénes son algunas de las personas a las que debes pedir consejo cuando te enfrentas a un problema?

1. Padres

   Proverbios está lleno de versos acerca de escuchar a nuestros padres. Nunca envejeces demasiado para escuchar a tus padres, pero un factor erosivo en la sociedad actual es la ausencia de padres piadosos. Lamentablemente, muchos jóvenes de hoy carecen de un líder espiritual o un modelo a seguir en sus hogares.

2. Pastor

   Como creyente, debes ser activo en una iglesia local donde puedas sentirte cómodo acudiendo a tu pastor y pidiéndole consejo y oración. A su vez, cada pastor debe tener compasión y preocupación por sus miembros a quienes se toma el tiempo de aconsejar. Los pastores deben ser líderes espirituales que, desde el púlpito, respondan a las preguntas de la vida desde una perspectiva bíblica.

3. Amigos personales

Proverbios 27: 9 dice: "El ungüento y el perfume alegran el corazón: así lo hace la dulzura del amigo de un hombre con un buen consejo". Proverbios 27:17 dice: "El hierro afila el hierro; así que un hombre agudiza el rostro de su amigo". No todos los amigos son una buena fuente de donde buscar consejo. No abogo por correr de persona a persona y buscar consejo porque esto será confuso. Ten cuidado. Selecciona amigos que oren por ti y que hablen la verdad en amor.

Durante mis años de trabajo con los pastores, aquellos que se metieron en problemas y fracasaron en su ministerio fueron los cristianos "solitarios" que pensaron que no necesitaban el consejo de otra persona. Durante todo mi ministerio, he buscado y hecho amigos. Por lo general, esto sucede en Dairy Queen o Whataburger alrededor de las 10:00 a.m. mientras disfruto de una taza de café. Semanalmente, he tratado de ser parte de un grupo de responsabilidad de hombres. Si desarrollas este tipo de relación, no puede engañar a estos amigos o enmascarar tus sentimientos cuando estás cerca de ellos; Sabrán que estás preocupado y tratarán de ayudarte.

Oración

"Dios, gracias por los amigos. Te doy las gracias por traer
_____ a mi vida".

(Nombres de amigos)

Reflexión Personal

Haz amigos. "El hombre que tiene amigos debe mostrarse amigable" (Proverbios 18:24). Lleva a tu amigo a comer esta semana. Dile a tu amigo "gracias".

"Chistes"

P: ¿Cómo hace el conejito de Pascua para mantenerse en forma?
R: Él le mete muchos huevos al ejercicio.

P: ¿Por qué se ocultó el huevo de Pascua?
R: Era gallina.

Favoritos de Susan Claire Springer Smith (esposa del autor)
nacida el 21 de mayo, 1950

Plan para compartir hoy

Planea compartir lo que has aprendido y de lo que te reíste con alguien hoy.

Palabras

Pasaje

Lee proverbios 12.

¿Te acuerdas de la rima infantil sobre las palabras?

"Los palos y las piedras podrán romper mis huesos

Pero las palabras nunca me harán daño ".

Esta frase no es cierta porque las palabras pueden hacer daño. Salomón enseña que las palabras pueden producir dos resultados:

1. Las palabras pueden traer la guerra.

    Verso 17 — Un falso testigo [pronuncia] engaño.

    Verso 18— [Uno] habla como las cortadas de una espada.

    Verso 22: Los labios mentirosos son [una] abominación para el Señor.

Las palabras son armas poderosas. Algunas personas usan palabras como un guerrero usa una espada para derribar a sus enemigos. Las personas que usan palabras para cortar a otra persona intentan lastimar a esa persona. A veces este acto de herir con palabras se usa para vengarse.

Las mentiras son una abominación para el Señor. Las mentiras suelen lastimar a alguien. Cuando era niño, dije una mentira y me dolió una relación entre dos miembros de la familia. Todavía me arrepiento hasta hoy.

2. Las palabras pueden traer paz.

    Verso 17: La verdad es la justicia.

    Verso 18 — La lengua de los sabios es salud.

    Verso 19 — El labio de la verdad se establecerá para siempre.

    Verso 20 — Los consejeros de paz [tienen] alegría.

    Verso 21— [La protección viene] a los justos.

Las buenas palabras, las palabras amables y las palabras profundas dan paz. Las palabras correctas pueden desactivar la situación más tensa. Las palabras correctas pueden proporcionar protección contra el enemigo. Jesús usó la Palabra de Dios para resistir al diablo. Necesitas tener un arsenal de versículos de la Biblia para decir la verdad y desactivar al enemigo.

Oración

"Dios, cuida mi lengua hoy. Señor, déjame alabarte y llevar la paz a los demás con mis palabras".

Reflexión Personal

Ten el objetivo hoy de decir una palabra amable a cinco personas.

"Chistes"

P: ¿Por qué la fresa necesita un abogado?

R: Estaba hecha mermelada.

P: ¿Qué clase de peces utilizas para hacer un sándwich de mantequilla de maní?

R: Una medusa

Favoritos de William Mike Smith (autor)
nacido el 17 de junio de 1950

Plan para compartir hoy

Planea compartir lo que has aprendido y de lo que te reíste con alguien hoy.

✳

Familia

Pasaje

Lee proverbios 13.

Doy gracias a Dios por mi familia. Un par de veces al año, realmente me interesa la genealogía. Actualizo mi suscripción a Ancestry.com y leo mi árbol genealógico. Como creyente en la soberanía de Dios, me doy cuenta de que podría haber nacido en África, Polonia o España. También me doy cuenta de que podría haber nacido en una familia de criminales, ateos y rameras. Sin embargo, nací un Smith hijo de L.C. y Dot Smith en el sur rural. Tengo ciertos valores y beneficios debido a mi familia.

Salomón habla de familia. ¿Qué debe pasar una persona a la siguiente generación?

1. Legado

   El versículo 22 dice: "Un buen hombre deja una herencia a los hijos de sus hijos: y la riqueza del pecador está reservada para los justos". El mundo piensa en "¿Cuánto costará mi herencia?" Hay algo más en el legado que el dinero . ¿Qué pasa con un buen nombre? Soy un Smith. Ahora, algunas personas piensan que "Smith" es aburrido. Me dijeron que todos eran Smith, pero cuando comenzaron a pecar, hacer trampa y mentir, cambiaron sus nombres a Brown, Jones o algún otro nombre.

Estoy agradecido por mi árbol genealógico. Los padres de mi madre fueron William Curtis y Annie Carr Davis. Eran granjeros trabajadores en el este de Mississippi. Los padres de mi padre eran Wilburn y Helen Downey Smith. Fue un maderero que trabajó duro y construyó una buena compañía. Mi padre y mi madre nunca terminaron la escuela secundaria, pero mi padre trabajó duro. Se abrió camino hasta que tuvo una gran compañía petrolera con un buen nombre en Texas. Mi madre era esteticista, propietaria de una tienda de antigüedades y diseñadora de ropa para niños. Agradezco a Dios por mi legado.

2. Trabajo

El versículo 23 dice: "Hay mucha comida en la labranza de los pobres: pero hay que destruirla por falta de juicio". Una parte importante de mi legado es mi ética laboral. No conozco a ningún Smith perezoso; Los perezosos son los que cambiaron sus nombres.

3. Amor

El versículo 24 dice: "El que ama su vara odia a su hijo, pero el que lo ama, lo castiga muchas veces". Mi padre me azotó solo dos veces. Tenía una mirada y una forma de corregir eso que dolía mucho más que cualquier vara. Mis padres me dieron mucha libertad y confianza, pero me disciplinaron y me inculcaron a temprana edad.

Oración

"Dios, te doy gracias por mi familia".

Reflexión Personal

Escribe la historia de tu familia, y compártela con alguien.

"Chiste"

P: ¿Por qué a los pollos les gustan los truenos?
R: Ellos disfrutan del mal clima.

Favoritos de William James Gardner (yerno del autor)
nacido el 20 de septiembre de 1970

Plan para compartir hoy

Planea compartir lo que has aprendido y de lo que te reíste con alguien hoy.

Apóstata

Pasaje

Lee proverbios 14.

Proverbios 14:14, "El corazón del apóstata se llenará con sus propios caminos, y un buen hombre se saciará de sí mismo".

Durante los primeros once años de mi vida, viví en la ciudad de Houston. Podía caminar hasta el final de mi calle y comprar una Coca Cola y dulces en la tienda Chinaman. Los sábados, podía caminar al cine, ver una película por 25 centavos, comprar una Coca por un centavo y comprar una bolsa de palomitas de maíz por diez centavos. En aquel entonces, podía ver a Roy Rogers por dos horas. Después, podía caminar hasta la farmacia y comprar una malteada de chocolate.

Un día, sin ninguna discusión familiar, sin ningún voto o investigación de alternativas, mi padre anunció que nos mudábamos a Raccoon Bend. Mi vida cambió de repente. Realmente no estaba mal. Simplemente tuve muchas experiencias nuevas. Tengo un recuerdo de cuando entré en la feria de becerros de la feria del condado. Setenta y cinco niños se alinearon en un extremo de la arena, y 20 becerros en el otro extremo. No era rápido entonces, ni ahora, entonces, mientras los otros muchachos corrían para atrapar un ternero, yo me movía constantemente a lo largo de la cerca. Una novilla de cara blanca se dirigió hacia mí. La atrapé y puse mi cabestro en su cara. Sin embargo, cuando la atraje hacia el final, ella se resistió y retrocedió en la dirección opuesta. Finalmente, se deslizó hacia atrás, se sentó y dijo: "No me moveré".

Esta fue mi primera experiencia con una novilla apóstata. Más tarde, al leer la Biblia, descubrí que el término "apóstata" se usa dieciséis veces para describir a las personas. Si bien no todos están de acuerdo con el significado del término "apóstata", considera los siguientes tres puntos de vista:

1. La visión armenia—apóstata es en realidad el proceso de caer de la gracia, y cuando una persona pierde su salvación.
2. Vista calvinista: Un apóstata es una persona que está siendo salvada, pero ha perdido la comunión con Dios.
3. Vista pentecostal: Un apóstata es una persona que nunca ha sido salvada.

Proverbios 14:14 dice, "[Un] apóstata en su corazón se llenará con sus propios caminos". La apostasía va en contra o lejos de la dirección en que Dios pretende que vayas.

Oración

"Dios, ayúdame a caminar contigo y no lejos de ti".

Reflexión Personal

Haz una reflexión personal. Están tu corazón y estilo de vida en movimiento con Dios o lejos de Dios?

"Chiste"

P: ¿Cuál es la diferencia entre el gobierno y la mafia?
R: Sólo uno de ellos está organizado.

Favorito de William James Gardner (yerno del autor)
nacido el 20 de septiembre de 1970

Plan para compartir hoy

Planea compartir lo que has aprendido y de lo que te reíste con alguien hoy.

※

Respuesta

Pasaje

Lee proverbios 15.

¿Alguna vez has notado cómo responde la gente cuando los llamas? Durante más de veinte años, mi esposa, Susan, fue la secretaria en las oficinas de las asociaciones de iglesias bautistas. Los pastores y los laicos a menudo comentaban sobre la agradable voz al teléfono que tenía. Su respuesta a menudo era: "Hola, Área Bautista de Senderos de Dogwood, esta es Susan; ¿En qué puedo ayudarlo? "Puedes llamar por teléfono a algunas personas y las únicas respuestas que recibes son "Hola", "¿Qué Pasa?"o "¿Sí?" A veces se puede saber que la gente está enojada cuando llamas porque su respuesta es "¿Qué quieres? "He tenido algunos amigos que respondían a sus llamadas telefónicas con afirmaciones ridículas como "Establo de Joe, alimento a cincuenta centavos" o "Tienda de reparación de Bill, ¿qué necesitas arreglar?"

Al trabajar durante más de cuarenta años con secretarios de iglesias, secretarios de asociaciones bautistas, recepcionistas de convenciones, recepcionistas de negocios e individuos, he escuchado a las personas responder a las personas que llaman con diferentes palabras y tonos. Mi Susan fue la mejor.

Cómo responder a una persona, ya sea por teléfono o en persona, puede marcar la diferencia en la dirección restante de la conversación. Proverbios nos da alguna ayuda sobre cómo responder.

1. Respuesta suave (verso 1)

   Cuando alguien es rudo, grosero, ruidoso y mezquino en su conversación contigo, ¿cómo respondes tú? La mayoría de las personas desean responder de manera más ruda, más cruda y más fuerte para llamar la atención de esa persona. La Biblia dice: "Una respuesta suave quita la ira". Cuán cierto es. Cuando las personas son ruidosas, pero tú respondes con un suave susurro, las desarmas.

2. Respuesta directa (versículos 2-3)

   Debes saber de lo que estás hablando. Debes ser exacto en lo que dices (versículo 2) porque serás responsable por lo que dices (versículo 3). ¿Alguna vez has hablado con alguien y al final de la conversación te dijiste a ti mismo: "Él no sabía de qué estaba hablando"?

3. Dulce respuesta (verso 4)

   La respuesta correcta, una respuesta dulce, es muy alentadora. Puedo estar deprimido, cabizbajo o herido por las palabras de otros, y Dios envía a alguien que dice: "Hermano. Mike, eres una gran ayuda. Me animo y me siento bien. Mi abuela dijo: "Puedes atrapar más abejas con miel que con vinagre".

Oración

"Señor, ayúdame a seleccionar mis respuestas; que sean útiles y no dolorosas.

Reflexión Personal

Cuando recibas un mensaje de correo electrónico, no respondas todo con mayúsculas—eso es gritar. Para, ora, reflexiona y responde con amabilidad.

"Chiste"

P: ¿Quién fue el primer jugador de tenis en la Biblia?
R: Joseph—sirvió en la cancha del faraón.

Favoritos de Martha Elaine Smith Gardner (hija del autor)
nacida el 2 de diciembre de 1974

Plan para compartir hoy

Planea compartir lo que has aprendido y de lo que te reíste con alguien hoy.

Vejez

Pasaje

Lee proverbios 16.

Proverbios 16:31, "La cabeza canosa es una corona de gloria, si se encuentra en el camino de la justicia".

Algunas personas temen envejecer. La historia registra a personas que dieron su vida en busca de la "fuente de la juventud". Hoy en día, la última "crema antiarrugas" es un éxito de ventas. A esas personas les digo: "envejecer tiene sus problemas, pero es mejor que la alternativa de morir joven". Estoy en ese grupo de "cabezas canosas" (de cabeza blanca o gris). El poco pelo que tengo es una mezcla de blanco y gris. En realidad, siempre me ha gustado estar cerca de "personas mayores".

Mis abuelos eran personas divertidas, especialmente el abuelo Davis y la abuela Smith. Mis mejores recuerdos como un niño son sentarme frente a la chimenea a los pies del abuelo Davis y escuchar mientras nos entretenía con historias; Él era un narrador maestro. La mayoría de sus historias terminaban con una risa fuerte y cordial. Mi abuela Smith, por otro lado, estaba llena de consejos y tenía remedios para cada dolencia. Recuerdo que cuando era niño "pedorreaba" o "eructaba" en su presencia, y ella rápidamente me aconsejaba que tomara antiácidos. Además, me recordó que "el gas mata a más personas que cualquier otra dolencia". Contesté rápidamente: "Abuela, eso es una locura; el gas no mata a las personas ". Más tarde, cuando crecí, me sometí a una cirugía de vesícula biliar. Como es característico en este tipo de cirugía, mi estómago estaba lleno de gases. Esos dolores de gas casi me matan. Le susurré: "Abuela, tenías razón".

Gran parte de mi ministerio en la iglesia ha sido bendecido por viejos "jefes de familia". Recuerdo a un grupo de mujeres mayores que se reunían y oraban por nuestro grupo de jóvenes en la Primera Iglesia Bautista en Bellville, Texas. Cuando yo tenía diecinueve años y era muy joven e inexperto, fue un pequeño grupo de ancianos los que me llamaron para ser su pastor. A lo largo de los años, he hablado con grupos de adultos mayores como Jubileo Dorado, Joven de Corazón y otros. He notado dos tácticas diferentes que algunas personas toman para envejecer:

1. Algunas luchan contra ello.

   Algunas personas hacen ejercicio, comen bien, visten joven, y hacen todo lo que esté en su poder para no crecer o ser viejo. Otros van a los extremos en vestirse jóvenes, cirugía plástica y quitarse las canas en espera de camuflar los signos del envejecimiento.

2. Algunos tienen "fe".

   Algunas personas envejecen con gracia; ellos continúan sirviendo al Señor. Se dan cuenta de que no pueden hacer lo que solían hacer, pero siguen sirviendo. Un gran ejemplo es los Constructores del Señor, un grupo de hombres y mujeres jubilados en la Asociación Misionera Bautista, quienes dedican su tiempo para construir iglesias. Durante mi mandato como Presidente del Colegio de Jacksonville, ellos han construido o renovado algún edificio en nuestro campus cada verano.

Oración

"Dios, ayúdame a no volverme viejo y amargo; quiero envejecer con gracia".

Reflexión Personal

Planea para tu futuro. ¿Estás preparado para la vejez? Llegará rápidamente.

"Chiste"

P: ¿Por qué la Navidad es como un día en la oficina?

R: Porque haces todo el trabajo, y el tipo gordo en el traje rojo obtiene todo el crédito.

Favoritos de Martha Elaine Smith Gardner (hija del autor) nacida el 2 de diciembre de 1974

Plan para compartir hoy

Planea compartir lo que has aprendido y de lo que te reíste con alguien hoy.

❋

Nietos

Pasaje

Lee proverbios 17

Echa un vistazo al versículo 6: "Los hijos de los niños son la corona de los ancianos; y la gloria de los niños son sus padres". Este verso es una hermosa imagen de un viejo abuelo que se deleita en su familia. Muchas personas en la cultura estadounidense no valoran a la familia. Considera algunos de los términos actuales en uso: "encadenamiento", "matrimonios de derecho consuetudinario", "otros significativos", "esposas de oficina", "divorcio sin culpa" y "niños abandonados".

Ver a una familia juntos es una hermosa vista. Recientemente prediqué un avivamiento para una iglesia cuyos jóvenes pastores y familiares me animaron y bendijeron. Cada noche, la esposa del pastor y sus cuatro hijos, muy educados y bien vestidos, muy amables llenaban un banco de iglesia. Obtuve más de su testimonio cada noche que el sermón que estaba predicando.

También agradezco a Dios por mis nietos. ¿Quieres ver mis fotos? Martha y James me han bendecido con tres nietos, y Lance y Ashley me han bendecido con dos. William es el nieto más viejo. Cuando tenía dos años y venía a visitarnos, se acercaba y me agarraba los dedos porque quería caminar alrededor de la cuadra. Disfruté esos paseos, pero el mejor paseo que tuve con él fue el sábado antes de ser bautizado. Susan y yo habíamos viajado para presenciar su bautismo, y tan pronto como llegué, ya no tenía que tomar mi mano, pero quería que me uniera a él y caminara alrededor de la cuadra donde vivía. Mientras caminábamos, se detuvo en cada casa y los invitó a su bautismo. Mi nieta, Emma Gardner, se ha transformado realmente en una mujer hermosa y piadosa. Cuando era pequeña, me preocupaba porque no se arrastraba como la mayoría de los niños. Mis preocupaciones eran infundadas. Hoy en día, ella es una de las mejores estudiantes, toca en la banda de música, es una excelente cocinera y ama al Señor. Jacob, el hijo menor de Elaine y James, es el comediante de la familia. Se ríe de todo y es divertido estar con él. Logan Curtis Smith y Landon Cole Smith son los dos hijos de nuestro hijo Lance Curtis Smith. Observa que todos sus nombres forman las iniciales "L.C." Mi padre era L.C., sin nombre, solo las dos letras. Lance quería usar las dos letras de su abuelo para nombrar a sus hijos. Los dos hijos de Lance son jugadores de pelota y, junto con nuestro nieto Jacob, disfrutan coleccionando tarjetas de intercambio de béisbol y fútbol. Logan y Landon viven cerca de nosotros, y disfrutamos viéndolos jugar béisbol o llevarlos a las tiendas de cartas. Dios nos dio una doble bendición cuando nos dio nietos.

Oración

"Dios, te doy gracias por la bendición de mí con nietos".

Reflexión Personal

Escribe la "especialidad" de cada uno de tus nietos, y compártelas con otra persona o un grupo de personas. Si no tienes nietos, busca ser una influencia en la vida de un joven.

"Chistes"

P: ¿Qué tipo de hombre era Booz antes se casarse?
R: Él no tenía a Ruth.

P: ¿Qué hombre en la Biblia no tenía padres?

R: Josué—Él era el hijo de Nun.

Favoritos de Emily Claire "Emma" Gardner (nieta del autor)
nació el 20 de noviembre, 2000

Plan para compartir hoy

Planea compartir lo que has aprendido y de lo que te reíste con alguien hoy.

PROVERBIOS 18

Amigos

Pasaje

Lee proverbios 18.

Proverbios 18:24, "Un hombre que tiene amigos debe mostrarse amistoso: y hay un amigo que se acerca más que un hermano".

Escuché a un orador decir: "Si tienes cinco amigos, eres un hombre afortunado". Bueno, estoy bendecido y he sido muy afortunado en mi vida por tener amigos. En cada etapa de la vida y en cada lugar donde he residido, he hecho amigos que siguen siendo amigos hasta hoy. Cuando era un niño que vivía en el área pantanosa de Houston, mis amigos y yo luchábamos contra los dragones y jugamos a los vaqueros e indios. Cuando era adolescente y vivía en una zona rural del condado de Austin, formaba parte de un grupo de jóvenes que se reunía todos los domingos por la noche después de la iglesia para orar y jugar juntos. Lo hicimos sin líderes formales. Fue por deseo de querer estar juntos. Como pastor, en cada ciudad donde vivía tenía un amigo que se reuniría conmigo en Whataburger o en la Dairy Queen a las diez en punto para tomar un café y tener compañerismo. Hoy, los lunes me reúno con un grupo de amigos al mediodía para preparar una ensalada y albóndigas y tiempo para compartir y orar juntos. Raro es un día que un amigo no me llama o me hace reír y visita. Creo que tengo amigos porque hice el esfuerzo de hacer amigos.

Las personas que presencio hoy que viven vidas solitarias y vacías son del tipo "Llanero Solitario", que viven en un mundo aislado. Recuerda que incluso el Llanero Solitario tenía a Tonto. Sí, los amigos te decepcionarán y hasta podrían volverse contra ti, pero aún son partes valiosas de nuestras vidas. Hay un amigo que encuentro todas las mañanas antes de ver a otro, y este amigo está más cerca que cualquier hermano. Ese es mi amigo Jesús. Joseph M. Scriven en 1855 escribió la canción: "Qué amigo tenemos en Jesús". La escribió para consolar a su madre, ya que estaban separados por muchas millas. El compañerismo con Jesús es un consuelo, y Él es un amigo como ningún otro.

Oración

"Dios me ayude a resistir la lujuria de este mundo y a aprender de Ti. Tú eres mi fortaleza. Como el himno "tal como soy", dice, "Yo soy débil, pero tú eres fuerte".

Reflexión Personal

Pídele a Dios que te revele una característica del mundo en ti que necesitas para separarte de una característica de Jesús que necesitas buscar.

"Chistes"

P: ¿Cómo llamas a un perro en enero?
R: Un perro congelado

P: ¿Qué día de la semana es al que más temen los pollos?
R: Viernes

Favoritos de William James Gardner (nieto del autor)
Nacido el 18 de noviembre, 1998

Plan para compartir hoy

Planea compartir lo que has aprendido y de lo que te reíste con alguien hoy.

✹

Pobres

Pasaje

Lee proverbios 19.

Para ayudar a los pobres, ten cuidado de:

1. Nunca les permitas seguir siendo pobres.

    A veces, cuando le das dinero a alguien que es pobre, les permites permanecer pobres. ¿Qué es mejor? ¿Darle a un hombre un pescado o enseñarle a pescar?

2. Nunca olvides que son personas.

    Algunas personas responden a la vista de un hombre pobre con no mirarlo o al volverse y tomar la dirección opuesta. Algunas personas miran al pobre hombre pero con disgusto, preguntan: "¿Por qué no consigue un trabajo?" Algunas personas miran al pobre hombre a la defensiva diciendo: "Trabajé duro por lo que tengo, y debo cuidar de mí propia familia".

Una vez me pidieron que desempeñara el papel de "vagabundo" u "hombre pobre" en un sketch en mi iglesia. Teníamos un énfasis en ministrar a las personas sin hogar. Estuve de acuerdo. No me afeité; Me puse ropa rota y sucia, y esparcí sardinas y queso limburgués sobre mi ropa para dar un olor ofensivo. Decidí que antes de ir al programa de la iglesia, primero iría a la tienda de conveniencia local y me sentaría en la acera en una esquina cerca de la puerta. El dueño estaba al tanto de quién era yo y estuvo de acuerdo. Cuando me senté allí, estas fueron las reacciones de algunas de las personas que pasaron a mi lado.

1. Algunos no prestaron atención y se apresuraron en sus asuntos.
2. Algunos miraban pero seguían adelante.
3. Algunos vinieron y dejaron caer dinero, que luego le di a la iglesia.
4. Algunos vinieron y me hablaron.

Más tarde llegué a la iglesia donde iba a participar en el sketch sobre cómo atender a las personas sin hogar. En lugar de entrar, de la misma manera que me senté afuera de la tienda de conveniencia, me senté en la acera fuera de las puertas de la iglesia. Las reacciones de los transeúntes no fueron realmente diferentes a las de la tienda de conveniencia, excepto que recibí más dinero en la tienda de conveniencia que el que recibía de la gente de la iglesia.

Cuando le prestas a los pobres, le prestas a Dios. Los préstamos son a veces en forma de dinero, pero a veces los préstamos involucran más que dinero. Los préstamos pueden ser en forma de oración, tiempo personal y presentación del evangelio.

Oración

"Dios, abre mis ojos y mi corazón a aquellos que están sufriendo cerca de mí."

Reflexión Personal

Descubre formas de ayudar a los pobres. Habla con un líder de la iglesia y descubre una familia que necesita ayuda en la iglesia.

"Chiste"

P: ¿Por qué la computadora estaba tan cansada cuando llegó a su casa desde el trabajo?

R: Porque tenía un disco duro

Favorito de William James Gardner (nieto del autor)
nacido el 18 de noviembre, 1998

Plan para compartir hoy

Planea compartir lo que has aprendido y de lo que te reíste con alguien hoy.

Vino

Pasaje

Lee proverbios 20.

Proverbios 20: 1, "El vino es un burlador, la bebida fuerte es incontrolable: y cualquiera que sea engañado no es sabio".

Mi abuelo del lado de mi madre bebió un montón de whisky Moonshine en la zona rural de Mississippi. Cuando estaba sobrio, era el hombre más amable, divertido y trabajador. La vida era dura en los años 30s y 60s en las zonas rurales de Mississippi. Mi abuelo tuvo que trabajar desde el amanecer hasta el atardecer en la tierra roja de Mississippi para proporcionar comida a su familia. Perdió cuatro hijos, dos en el parto, un niño que murió de problemas cardíacos en su adolescencia y un hijo en el ejército al comienzo de la Segunda Guerra Mundial. La vida de mi abuelo fue dura pero no una excusa para su comportamiento. Aunque trabajó duro toda la semana, se emborrachaba los fines de semana. Se volvió tan adicto al alcohol que la familia tuvo que comprometerse, y mi abuela se mudó de la casa. He sido testigo de esta división y estas heridas de una familia amorosa. He visto de primera mano el dolor que resulta de una bebida fuerte.

Nunca tuvimos alcohol en nuestra casa. Sin embargo, tuve muchas oportunidades para beber. Crecí en una comunidad alemana/checa donde beber cerveza era lo mismo que beber agua. Aunque tuve muchas oportunidades de beber, siempre he elegido no beber por dos razones.

1. La Biblia advierte en contra de beber.

    En Proverbios 20, Salomón dice que el vino es un burlador y que quien lo bebe no es sabio. El alcoholismo es un problema importante en Estados Unidos. Algunas culturas pueden beber con moderación, pero los estadounidenses, en su mayor parte, beben para emborracharse. Conducir ebrio sigue siendo la causa número uno de muertes de tráfico. Beber destruye casas, quiebra carreras y le cuesta a la sociedad miles de millones de dólares. Preste atención a estas advertencias. Ir al cielo no se basa en si una persona bebe alcohol o no. Ir al cielo se basa en una relación con Jesucristo. Sin embargo, creo que es mejor prestar atención a las advertencias en la Palabra de Dios y abstenerse de beber. Ser un "abstemio".

2. La Biblia advierte contra dañar tu testimonio.

    Nunca se sabe quién está mirando: un amigo, un vecino, tu hijo o tu nieto. Tu consumo de alcohol podría ser visto por otras personas como un gran respaldo. Pablo comparte esta sabiduría en 1 Corintios 8: 9: "Pero ten cuidado, no sea que esta libertad tuya se convierta en un obstáculo para los débiles". No quiero que nadie tropiece.

Oración

"Dios, ayúdame a abstenerme de beber alcohol, para que no vaya a influir en mis hijos, nietos y otros cerca de mí a beber alcohol".

Reflexión Personal

Desarrolla tus propias convicciones. Haz tu propio estudio dentro y con la Biblia acerca de los peligros del alcohol.

"Chiste"

P: ¿Cómo sabes cuando las uvas son viejas y gastadas?
R: Comienzan a volverse vino.

Favorito de William Mike Smith (autor)
nacido el 17 de junio de 1950

Plan para compartir hoy

Planea compartir lo que has aprendido y de lo que te reíste con alguien hoy.

✤

Búsquedas

Pasaje

Lee proverbios 21.

¿Qué quieres? Qué estás persiguiendo? ¿Qué estás buscando? En estos versículos, Salomón da cierta sabiduría sobre qué no proseguir y qué proseguir.

1. Búsquedas negativas (versículo 17)

    Perseguir el placer te dejará vacío. El mundo está lleno de historias sobre aquellas personas que buscan placer para dar sentido a la vida. Es asombroso observar a las personas que trabajan cinco días a la semana y gastan todas sus ganancias en un fin de semana de placer. Escucha algunas conversaciones y todo lo que escuchará es: "¿Qué vas a hacer este fin de semana?" Algunas personas buscan placer en los deportes; pagarán cientos de dólares por un asiento duro en un juego y pagarán cinco veces el precio normal de un hot dog durante el juego. Cuando todo termina, pierden una hora o más mientras se sientan en el estacionamiento y tratan de salir. Algunas personas persiguen la caza; lo único por lo que viven es alzarse dos horas antes del sol, se recuestan en el frío suelo y esperan a que una solitaria y encantadora criatura de Dios camine frente a sus rifles .270. Algunas personas persiguen el vino; Los borrachos de fin de semana causan estragos en las carreteras y arruinan la vida familiar cada fin de semana. Un buen hombre normal que se comporta bien toda la semana se convierte en un animal salvaje los fines de semana. Algunas personas persiguen el sexo; fantasean, coquetean y terminan hasta que disfrutan de un momento de éxtasis. Después, viven con la culpa y la vergüenza.

2. Búsqueda positiva (versículo 21)

Jesús repitió este proverbio en Mateo 6:33: "Mas buscad primeramente el reino de Dios y su justicia; y todas estas cosas os serán añadidas". Buscar la justicia es buscar lo que es correcto a los ojos de Dios. La idea detrás de la misericordia aquí es el amor. La justicia habla de la ley y de la misericordia del amor. Un hombre que persigue la ley y el amor encuentra la vida (Phillips Vol. 2, 101-2 esbozo).

Oración

"Dios, ayúdame a ver claramente las cosas de la vida eterna. Ayúdame a seguir".

Reflexión Personal

Antes de planificar un viaje, escribe una lista de verificación, para y pregunta, "¿Puede esto honrar a Dios?".

"Chistes"

P: ¿A dónde las vacas suelen ir de citas?
R: A las películas

P: ¿Qué hace tic-tac-guau guau?
R: Un perro vigilante

Favoritos de Jacob Andrew Gardner (nieto del autor) nacido el 5 de mayo, 2005

Plan para compartir hoy

Planea compartir lo que has aprendido y de lo que te reíste con alguien hoy.

La Educación En Mente, El Dinero Y La Moral

Pasaje

Lee proverbios 22.

Los estudiantes del Colegio de Jacksonville están principalmente fuera de la escuela secundaria y lejos de casa por primera vez. Como el actual presidente, veo a muchos luchando mientras enfrentan tentaciones y oportunidades que nunca antes se les habían brindado. Entonces, los administradores, maestros y entrenadores tratan de proporcionar no solo la educación básica, sino también consejos sobre el dinero y la moral.

En JC, tenemos estudiantes de un extremo al otro. Algunos estudiantes vienen de países en desarrollo y, literalmente, no tienen nada que traer con ellos. Recogimos a una joven del aeropuerto; ella sólo tenía una bolsa. Cuando abrió la bolsa, descubrió que su madre, que la había acompañado al aeropuerto, había sacado toda la ropa de la bolsa y la había guardado para ella. Tuvimos que comprar ropa de cama y ropa para esta joven. Por otro lado, tuvimos otro estudiante que llegó y le reveló al director del dormitorio que tenía diez mil dólares en efectivo y una tarjeta de crédito para pagar su educación. Documentamos la cantidad de su dinero y lo guardamos en una caja fuerte.

Los problemas más difíciles en la educación de los jóvenes están en el área de la moral. Hay una lucha constante de lidiar con la ropa (o la falta de ropa) y los encuentros sexuales. Proverbios 22: 6 dice: "Entrena a un niño en la forma en que debe ir; y cuando sea viejo, no te apartarás de él". Hay una diferencia entre "contar" y "entrenar". Informamos a los alumnos sobre nuestra Estándares antes de que lleguen para la clase. Estos estándares están claramente impresos en el Manual del Estudiante y se revisan meticulosamente en la orientación del estudiante. Les decimos a los alumnos de estos estándares en capilla y en clase. La palabra "entrenar" significa "protegerse" y puede describirse como un vaquero de Texas que se acerca a su ganado para que puedan ir en una sola dirección. El ganado puede resistir, pero el vaquero los introducirá en el corral. De vez en cuando, uno puede escapar a las tierras del rancho, pero el vaquero lo encontrará en un día o dos y lo devolverá al corral. Al igual que los vaqueros, el personal de una universidad cristiana debe trabajar para guiar a los estudiantes en la dirección correcta. De hecho, el nombre de pila para los cristianos antes de ser llamados "cristianos" era "gente del Camino". Se sabía que seguían el camino de Cristo. Muchos estudiantes provienen de hogares disfuncionales donde se les dio poca o ninguna orientación y encuentran que "seguir" es un concepto difícil. Por lo tanto, necesitan capacitación consistente y completa.

La educación en las áreas de la mente, el dinero y la moral debe comenzar temprano en el hogar. Esta educación necesita ser reforzada con enseñanzas bíblicas de la iglesia y las universidades cristianas. Si una persona no sigue el camino de Dios, entonces experimentará la vanidad, el vacío de la vida (Phillips Vol.2, 180).

Oración

"Dios, te pido que coloques una protección para todos los estudiantes en el Colegio de Jacksonville para que no se desvíen de Tu Palabra.

Reflexión Personal

Enumera las tres áreas de la mente, el dinero y la moral. Piensa y escribe las formas en que necesitas cambiar personalmente para vivir de acuerdo con la verdad de la Palabra de Dios.

"Chiste"

P: ¿Cuál es el país más resbaladizo en el mundo?
R: Grecia

Favorito de Jacob Andrew Gardner (nieto del autor)
nacido el 5 de mayo, 2005

Plan para compartir hoy

Planea compartir lo que has aprendido y de lo que te reíste con alguien hoy.

❋

Camino Equivocado

Pasaje

Lee proverbios 23.

La mayoría ha experimentado la frustración de elegir el camino equivocado y perder tiempo y paciencia. La historia está llena de tragedias sobre vidas que han ido por el camino equivocado. Proverbios 22-24 son "Treinta Refranes" que siguen un patrón usado por autores antiguos que presentan diferencias en los caminos de la vida a menudo transitados (Garrett 193).

Proverbios 23: 1-3 advierte que tengas cuidado con lo que comes, cuánto comes y con quién comes.

Proverbios 23: 4-8 advierte sobre la búsqueda de riqueza que termina en desastre.

Proverbios 23: 9-12 advierte de no escuchar a los tontos, sino de buscar ser educados.

Proverbios 23: 13-25 advierte sobre los peligros de no escuchar a tus padres.

Proverbios 23: 26-35 advierte sobre las trampas de la inmoralidad con las prostitutas y la embriaguez.

Hay un camino que conduce a la vida y un camino que conduce a la muerte. El camino correcto honra a los padres, pastores, maestros y mentores de jóvenes (Bailey 143).

El punto es que no excluyas a Dios o la enseñanza piadosa de otros de tus elecciones en la vida. Es un gran error viajar por el camino de la vida y dejar a Dios fuera de tus elecciones. Mychal Judge se desempeñó como capellán del Departamento de Bomberos de Nueva York. Murió el 11 de septiembre. Cuando recuperaron su cuerpo, encontraron en él una oración. "Señor, llévame a donde quieres que vaya; Déjame conocer a quién quieres que me encuentre; Dime lo que quieres que diga, y; Mantenme fuera de tu camino "(Dykes).

Oración

"Dios, gracias por encender la luz de Cristo y la luz de un deseo de aprender."

Reflexión Personal

Pregúntate, "¿Por qué quiero aprender? ¿Es por conocimiento de la cabeza o por la transformación de la vida del corazón?"

"Chistes"

P: ¿Cómo caminan los osos?
R: Con los pies descalzos

P: ¿Qué clase de cuna prefiere un bebé?
R: Un corralito
Favoritos de Lance Curtis Smith (hijo del autor)
nacido el 26 de junio de 1976

Plan para compartir hoy

Planea compartir lo que has aprendido y de lo que te reíste con alguien hoy.

El Mal

Pasaje

Lee proverbios 24.

Salomón dijo mucho acerca de personas malvadas. Más de 60 veces él escribió un refrán sobre el mal.

1. ¿Cómo se define el mal?

    En Proverbios 24: 1, la palabra hebrea para "mal" significa "malvado" o una persona que destruye lo que es bueno. Estas personas carecen de una brújula o norma moral. Durante la infame investigación de Watergate, el juez le preguntó al asistente de Nixon Jeb Magruder: "¿Cómo pudiste haber hecho lo que hiciste?" Nunca olvidaré la respuesta de Magruder. Él dijo: "Juez, en algún lugar del camino perdí mi brújula moral". Las personas malvadas se enfocan en una dirección, y esa dirección es hacer el mal.

2. ¿Cómo se manifiesta el mal?

    a. Corazón (versículo 2)

    El mal comienza en el corazón. Sin la presencia del Espíritu Santo en la vida de una persona, el mal no puede ser restringido. Por consiguiente, la persona malvada hace lo que él o ella desea. El corazón de la persona perdida es perverso.

    b. Labios (versículo 2)

Observa que en este versículo, los labios de personas malvadas agitan problemas. ¿Quieres saber quién es el mal? Escúchalas hablar. Las personas malas son alborotadores y atraen problemas.

c.   La mente (versículo 8)

Las personas malas planean y traman hacer el mal. John Phillips habla de una conversación que tuvo con un amigo pastor que había sido miembro de una pandilla callejera en Chicago. El pastor explicó que los líderes de la pandilla se llamaban "cocodrilos", una forma abreviada de la palabra "instigadores". Estos instigadores fueron los líderes de pandillas a quienes se les ocurrió el plan para hacer el mal. El resto de la pandilla llevaría a cabo la trama. Este ejemplo de la vida real se muestra en muchos programas de televisión sobre delitos que buscan descubrir al cerebro detrás de la trama. Una persona malvada tiene una pasión y un propósito para dominar el mal. (Phillips, Vol 2.267).

3. ¿Cómo se evita el mal? (Versículos 1, 19-20)

El versículo 1 dice que te mantengas alejado del mal. A veces, mantenerse alejado es difícil porque el mundo está lleno de personas malvadas. Taylor Swift canta una canción popular, "¿Por qué tienes que ser tan malo?" (Realmente creo que mi nieta Emma lo dijo primero a su hermano William). Dios nos dice que no nos preocupemos por las personas malvadas. No trates de igualarte con ellos. Los cristianos deben mantenerse enfocados. Haz lo correcto cuando otros hacen mal.

Oración

"Dios, ayúdame a hacer lo correcto cuando el mal está todo alrededor de mí".

Reflexión Personal

Escribe lo que tu respuesta será cuando alguien quiere que hagas el mal.

"Chiste"

P: ¿Por qué los panaderos trabajan tan duro?
R: Porque necesitan la masa

Favorito de Lance Curtis Smith (hijo del autor)
nacido el 26 de junio de 1976

Plan para compartir hoy

Planea compartir lo que has aprendido y de lo que te reíste con alguien hoy.

Conflicto

Pasaje

Lee proverbios 25

Algunas personas creen que el rey Ezequías puede ser el autor de Proverbios 25-29. Ezequías fue el decimocuarto rey de Judá en 716-686 a. C. Fue un buen rey que restauró la adoración verdadera en Judá destruyendo ídolos y limpiando el templo. Creo que como recompensa por la fidelidad de Ezequías, Dios permitió que los hombres de Ezequías encontraran a estos escritos para que pudieran ser incluidos en Proverbios. Aunque Judá disfrutó de la estabilidad espiritual y el orden moral de Ezequías, la nación experimentó un gran conflicto con el país de Asiria. La Biblia registra 133 casos de conflicto. Así como el conflicto fue parte del día de Ezequías, no hay duda de que tendrás conflicto. Sin embargo, la pregunta que necesita una respuesta es cómo responderás al conflicto.

1. Controla tu temperamento (versículo 8).

   Escoge tus batallas. Algunas cosas que se te dicen y se te hacen a ti tienen que "rodar de tu espalda". No seas tan sensible. Si eres una persona con un temperamento rápido y de mal genio, experimentarás mucho conflicto. Si eres propenso a inclinarte de esa manera, encontrarás lo que mereces; será feo

2. Controla tu lengua (versículos 9-11).

    Cuando tengas un conflicto, ve solo a la persona, siéntate, siéntate a su lado y resuelve el asunto. Jesús da este mismo consejo en Mateo 18. Lamentablemente, la mayoría de las personas no siguen ese consejo. En lugar de dirigirse a la persona con la que tienen el conflicto, van a decirle a los demás.

Muchas personas son rápidas para resolver un problema mediante litigios. La sociedad actual es "Feliz de demandar". En lugar de tratar de resolver los conflictos, de acuerdo con directrices de Jesús, la gente va a los tribunales y deja que un juez o un jurado decidir. Antes de ir a la corte, necesitas una buena causa, un buen consejero, y una buena tarjeta de crédito. No estoy diciendo que los cristianos nunca deberían ir a la corte; a veces nuestra cultura no permitirá ninguna otra resolución. La manera bíblica para resolver el conflicto es con la persona con la que estás en conflicto.

Oración

"Dios, controla mi lengua hoy".

Reflexión Personal

Si estás en conflicto con alguien, reza. Luego ve y habla con esa persona y acepta orar juntos hasta que haya una resolución.

"Chistes"

P: ¿A dónde van los árboles bebé a la escuela?
R: A un vivero

P: ¿A dónde les gusta ir a cenar a los gusanos?
R: A un lugar suciamente barato

Favoritos de Asheley René Ferguson Smith (nuera del autor) nacida el 30 de octubre de 1978

Plan para compartir hoy

Planea compartir lo que has aprendido y de lo que te reíste con alguien hoy.

※

Los Tontos

Pasaje

Lee proverbios 26.

La palabra en inglés para "tonto" viene de la palabra latina follis, que significa "fuelle". El término "tonto" se usa para describir a una persona con las mejillas hinchadas o alguien que está lleno de aire caliente. En el idioma hebreo, hay tres palabras diferentes traducidas como tonto. Kesyl es el tonto estúpido, aburrido y obstinado. Ewiyl es el tonto corrupto que es moralmente pervertido e irrazonable. Nabal es el tonto que es como un animal terco y brutal. (90-91).

Salomón da algunas advertencias y palabras de sabiduría cuando se trata con los tontos:

1. Separar (versículos 1-2)

   En estos versículos, dice Salomón que la nieve no pertenece en verano y la lluvia no tiene lugar en el momento de la cosecha. El necio no es digno de honor. No te asocies con los tontos; no hagas honor a un tonto con tu presencia. La mejor manera de reaccionar a un tonto de la locura y la necedad es decirle a él o ella, "aléjate de mí".

2. No escatimes (versículo 3)

   En el control de los animales, el maestro debe usar un látigo y una brida. Un látigo lo espolea, y una brida lo retiene. A veces los animales necesitan ir, y otras veces necesitan parar. Salomón advierte que no ahorres la vara de la corrección cuando se trata de controlar a los tontos.

3. Habla (versículo 4)

   El versículo 4 es muy claro: "Responde a un tonto de acuerdo con su locura". No puedes razonar con un tonto, así que no pierdas el tiempo tratando de hablar con un tonto. A veces, necesitas decirle a un tonto: "Detente, no voy a escuchar ni a participar en tu insensatez".

Los tontos no aprenden de sus errores. Como un perro, vuelven a su propio vómito (versículo 11). No hay esperanza para una persona engreída que es un tonto. El capitán del Titanic se negó a escuchar la advertencia sobre el iceberg y el barco se hundió como resultado. La pena de muerte es un necio.

Oración

"Señor, ayúdame a no ser un tonto, a menos que sea ser un "loco por Jesús".

Reflexión Personal

Piensa en alguien que creas que es un tonto, y compara sus palabras y acciones con las palabras y acciones de un hombre sabio como se describe en la Biblia.

"Chiste"

P: ¿Qué le dijo Adán a su esposa el día antes de la Navidad?
R: "¡Es la Navidad, Eva!".

Favorito de Asheley René Ferguson Smith (nuera del autor) nacida el 30 de octubre de 1978

Plan para compartir hoy

Planea compartir lo que has aprendido y de lo que te reíste con alguien hoy.

Mike Smith

❋

Rendición De Cuentas

Pasaje

Lee proverbios 27.

Proverbios 27:17 dice: "El hierro afila el hierro; así que un hombre afila el rostro de su amigo ". Este proverbio habla de la influencia que un hombre puede tener sobre otro hombre. Los amigos aprenden unos de otros. Este versículo enfatiza la necesidad de buenos amigos que lo hagan rendir cuentas.

Al principio de mi ministerio, un hombre, grande en estatura, pasó tiempo conmigo. A menudo comíamos juntos y viajábamos juntos a reuniones ministeriales. Abrió la Biblia y me enseñó como ningún otro profesor de seminario. Cuando me mudé a una pequeña ciudad, me levantaba temprano, caminaba una milla hasta Whataburger, bebía café y visitaba a otro amigo. Él y yo nos enfrentamos en varios temas, pero fue tan amable con sus reproches que valoré su amistad. Cuando me convertí en Director de Misiones para la Asociación de Senderos de Dogwood, me mudé a Jacksonville, Texas. Durante los primeros catorce años, todos los miércoles por la mañana a las 8:00 pude encontrarme en una cabina de esquina en Dairy Queen con varios amigos. Tuvimos estudios de libros, estudios de la Biblia y largos debates abiertos.

Cuando trabajaba en la oficina de la Convención de los Bautistas del Sur de Texas, estaba constantemente en movimiento. Parecía imposible desarrollar amistades, pero había un compañero de trabajo a quien le caía bien y también era madrugador. Quien llegara primero a la oficina haría el café. Hablábamos y tomábamos esa primera taza juntos antes de comenzar nuestro día ocupado. Actualmente, los lunes al mediodía, viajaba a un restaurante italiano cercano y almorzaba con varios hombres. Algunos de estos hombres eran predicadores y otros eran profesionales de la comunidad. Nos habíamos convertido en grandes amigos. Cuando pasas tiempo con amigos reales, puedes entrar en la habitación, echar un vistazo a sus caras y sus rostros te dirán lo que necesitan. Los amigos deben ser responsables unos con otros.

Ciertamente tu mejor amigo debería ser tu pareja. Entre Susan y yo, por lo general soy el primero en levantarse. Tengo mi tiempo tranquilo con Jesús; Preparo el café, y luego Susan entra. Todos nos sentamos en nuestros sillones y visitamos mientras tomamos esas primeras doce tazas de café. Estas mañanas son los momentos más dulces de la vida. Mi consejo para cualquier joven es escuchar a Salomón en Proverbios 21:19 no te cases con una mujer polémica, sino que cásate con tu mejor amiga que puede cambiar tu carácter de una manera dulce y especial.

Oración

"Dios, gracias por los amigos, y gracias a mi mejor amistad, mi esposa".

Reflexión Personal

¿Cuántos amigos tienes? Haz amigos y ten tiempo para los amigos.

"Chistes"

P: ¿Qué dijo la madre búfalo a su hijo cuando salía?
R: "Bisontes"

P: ¿Qué deporte viene después de nueve pero antes de once?

R: Tenis

Favoritos de Logan Curtis Smith (nieto del autor)
nacido el 9 de enero, 2004

Plan para compartir hoy

Planea compartir lo que has aprendido y de lo que te reíste con alguien hoy.

Líderes

Pasaje

Lee proverbios 28

Salomón, como lo hace a menudo, utiliza la técnica del contraste. En este proverbio, él está contrastando líderes malvados y líderes justos.

En dos siglos, el norte de Israel tuvo nueve dinastías diferentes, y las guerras civiles se repetían constantemente debido a los líderes pobres que llevaron a la nación a ser infiel a Dios. En el sur, Judá tenía una dinastía cuyos gobernantes solían ser principalmente reyes temerosos de Dios. Existe una conexión definitiva entre la moralidad de una nación, la agitación política y, en última instancia, la derrota militar. Los ciudadanos estadounidenses necesitan entender esta conexión antes de que sea demasiado tarde.

¿Cuáles son las características de un buen líder?

1. Respeta a Dios

   Observa el contraste y la advertencia en el versículo 5: "Los hombres malvados no entienden el juicio, pero los que buscan al Señor entienden todas las cosas". Los líderes que lideran desde una creencia humanista niegan a Dios y no tienen absolutos. Los buenos líderes creen en Dios y basan su enfoque de la vida en la Palabra de Dios.

2. Gobierna Justamente
   Verso 13: "El que encubre sus pecados no prosperará; más el que los confiesa y los abandona, obtendrá misericordia".
3. Se acerca a los necesitados.
   Verso 27: "El que da a los pobres no faltará; Mas el que oculta sus ojos, tendrá muchas maldiciones".

Un líder está preocupado por las necesidades de otras personas y toma las medidas necesarias para aliviar la angustia y brindar consuelo a quienes sufren. John D. Rockefeller se convirtió en el primer multi-millonario del mundo. A los 53 años, ganaba un millón de dólares a la semana, era el hombre más rico del mundo y, como algunos dirían, parecía que la muerte se había calentado. Había contraído una enfermedad que le hizo perder todo su cabello y no podía comer nada más que galletas y leche. Comenzó a regalar dinero a numerosas necesidades. Desde su retiro en 1896 hasta su muerte en 1937, donó tres veces más dinero del que había ganado. Recuperó su salud y vivió hasta los 97 años (Phillips Vol.2, 441).

Se necesitan desesperadamente a líderes temerosos de Dios en todas las áreas de la sociedad: organizaciones comunitarias, familias, iglesias y naciones. Los gobernantes impíos pueden ser desastrosos.

Oración

"Dios, pido que levantes a líderes temeroso de Dios".

Reflexión Personal

Haz una lista que compara las características de un buen líder con las de un mal líder.

"Chiste"

P: ¿Qué dijo el jilote a la mamá de maíz?
R: "Dónde están las palomitas de maíz?".

Favorito de Logan Curtis Smith (nieto del autor) nacido el 9 de enero, 2004

Plan para compartir hoy

Planea compartir lo que has aprendido y de lo que te reíste con alguien hoy.

Visión

Pasaje

Lee proverbios 29

Proverbios 29:18, "donde no hay visión, el pueblo perece: Él que guarda la ley, bienaventurado aquel".

1. Visión-La palabra hebrea para "visión" también se traduce como "revelación".

2. Las personas perecen—"las personas perecen" también puede ser traducido como "desenfrenado".

3. Pero él que guarda la ley—Esta frase describe a la persona que sabe y obedece a la Palabra de Dios.

4. Feliz aquel—"Él" es una persona que está completamente cumplido.

El Colegio de Jacksonville es único porque es la única universidad basada en la fe de dos años que queda en el estado de Texas. Cuando sus fundadores se reunieron, su visión era comenzar una universidad cristiana en el este de Texas. Su visión se hizo realidad en 1899 con la fundación del Colegio de Jacksonville. Hoy, JC continúa lanzando una visión para sus estudiantes. Nuestra visión se refleja en nuestra declaración de misión: "El Colegio de Jacksonville existe para brindar una educación de calidad desde una cosmovisión bíblica que desafía las mentes, transforma vidas y prepara a los estudiantes para el liderazgo de servicio y el aprendizaje de por vida".

Cada semestre en el Colegio de Jacksonville, tenemos numerosos estudiantes que vienen por varias razones. Algunos estudiantes se inscriben para obtener la independencia de sus padres; Algunos vienen buscando la vida social universitaria; algunos estudiantes se inscriben para seguir el sueño de estar en deportes profesionales; Otros vienen a perseguir seriamente una carrera. Mientras que algunos pueden saber qué campo desean seguir, muchos no tienen un título mayor.

El Colegio de Jacksonville es un buen lugar para todos estos estudiantes. JC ofrece el plan de estudios básico de Texas, que requiere 60 horas de cursos básicos de artes liberales. Todos los estudiantes universitarios de Texas deben tomar los mismos cursos de matemáticas, ciencias, inglés e historia. Además, los estudiantes de JC deben tomar 6 horas de religión y asistir a los servicios semanales de la capilla. Como una universidad de artes liberales, JC ofrece a cada estudiante tiempo para descubrir su principal campo de estudio.

Una persona sin revelación, dirección o propósito en la vida continuará persiguiendo una búsqueda tras otra, pero una persona que busque escuchar la palabra de Dios será cumplida. Cada semestre, veo a estudiantes que tienen un corazón para Dios, que leen y estudian Su Palabra, y oro para descubrir el propósito de Dios para sus vidas. Estos estudiantes tienen más confianza, se convierten en mejores estudiantes en todas las disciplinas y buscan servir a Dios y a sus semejantes.

Oración

"Dios, gracias por dar el propósito, el significado y el sentido de la vida".

Reflexión Personal

Escriba su visión personal o declaración de misión.

"Chistes"

P: ¿A dónde llevas a un cachorro enfermo?
R: Al doctor.

P: ¿Cómo puedes coger a una computadora desbocada?
R: Con una inter-net

Favoritos de Landon Cole Smith (nieto del autor)
nacido el 7 de noviembre, 2006

Plan para compartir hoy

Planea compartir lo que has aprendido y de lo que te reíste con alguien hoy.

Lista De Quehaceres

Pasaje

Lee proverbios 30.

Proverbios 30: 18-19, "Hay tres cosas que son demasiado maravillosas para mí, sí, cuatro para las que no sé: el camino de un águila en el aire; el camino de la serpiente sobre la roca; el camino de un barco en medio del mar; Y el camino de un hombre con una mujer".

Después de que salió la película The Bucket List (En español "Ahora o Nunca"), la gente comenzó a usar el término "Lista de quehaceres" para referirse a las actividades que les gustaría hacer o los lugares que les gustaría visitar antes de morir. En Proverbios 30, Salomón da varias listas, pero mi enfoque estará en la lista en los versículos 18-19. En esta lista, Salomón dice que hay cuatro cosas demasiado maravillosas para que él las entienda. El difunto Dr. W.A. Criswell, el pastor de la Primera Iglesia Bautista en Dallas por más de 50 años escribió un libro llamado El Hilo Escarlata a través de la Biblia. Según Criswell, la clave para interpretar la Biblia es entender cómo se revela a Cristo, el hilo escarlata, en todos los libros desde Génesis hasta Apocalipsis. Por lo tanto, la clave para entender la lista de Salomón es entender cómo se revela a Cristo en las cuatro cosas que son demasiado maravillosas para que Salomón las entienda. Con esto en mente, mira cómo John Phillips, autor de Explorando Proverbios, explica cómo Salomón revela a Cristo en esta lista.:

1. Águila: Las águilas construyen nidos más altos que las capacidades de vuelo de otras aves. Su visión es ocho veces mayor que la del hombre. El águila puede volar tan alto que no puedes ver al águila, pero el águila puede verte. Cristo es Dios, y su hogar es el cielo. Miró hacia abajo, vio el pecado del hombre y bajó a la Tierra como un hombre: Jesús.

2. Serpiente: la temperatura de la sangre de una serpiente es un grado más baja que el aire, por lo que el aire se enfría y la serpiente disminuye la velocidad. A medida que el sol brilla y el aire se calienta, la serpiente se mueve sobre rocas cálidas. En este ejemplo, Cristo NO se compara con la serpiente sino con el sol que brilla y calienta el aire. A medida que Cristo, el sol, comienza a brillar, Satanás siempre trata de actuar y robar su gloria.

3. Barco: en tiempos bíblicos, los barcos dependían del cielo y el viento. Los capitanes de los barcos mirarían al cielo para ver si las condiciones eran adecuadas para navegar. Las naves fueron propulsadas por el viento. Jesús fue concebido por el Espíritu Santo (simbolizado por el viento) y controlado por el Espíritu. Jesús, mientras estuvo en esta tierra, fue un hombre perfecto que miró a Dios en lo que debía hacer ("no mi voluntad, sino la tuya"). Jesús nunca hizo nada aparte del Espíritu de Dios.

4. Mujer: en la superficie, uno pensaría que un hombre con mil esposas entendería el camino con una doncella. Pero Salomón confesó, incluso después de estar casado con mil mujeres, que él no las entendía y que eran un misterio. En el Nuevo Testamento, a la iglesia se le da la identidad femenina de la novia de Cristo, y Él regresará un día por Su iglesia. Cristo amó a la iglesia y se entregó a sí mismo por su novia. El gran amor de Dios por la humanidad puede parecer un misterio, pero ese amor lo llevó a esta tierra y lo hizo morir por ti. El amor es el camino de Cristo. Al igual que la incapacidad

de Salomón para comprender el camino de un hombre con una mujer, Cristo y su amor por su iglesia son demasiado maravillosos para que la humanidad los entienda completamente. Solo inclínate y alabarle (Phillips, Vol 2,565 nociones generales).

Oración

"Dios, además de ti no hay otro. Tú solo eres digno de ser alabado. Dios, gracias por el amor que nos dio a Jesús, quien me amó y me redimió".

Reflexión Personal

Enumera algunas cosas en tu vida que Cristo ha hecho por ti que son demasiado maravillosas para entender pero que revelan claramente el misterio del amor de Dios..

"Chiste"

P: ¿Qué llaman los gatos a los ratones en una patineta?
R: Comida sobre ruedas

Favorito de Landon Cole Smith (nieto del autor)
nacido el 7 de noviembre, 2006

Plan para compartir hoy

Planea compartir lo que has aprendido y de lo que te reíste con alguien hoy.

Sabiduría De Una Madre

Pasaje

Lee proverbios 31.

Proverbios comienza con palabras de sabiduría de un padre (1: 8) y termina con palabras de sabiduría de una madre (31: 1-2). Respecto a la identidad del rey Lemuel, el Talmud, texto central del judaísmo rabínico, dice que "Lemuel" era solo otro nombre para Salomón. En cuanto a la identidad de la madre de Salomón, ella era Betsabé. Este devocional se refiere a la sabiduría que Betsabé imparte a Salomón.

En Proverbios 31: 10-31, Salomón toma el consejo de su madre y usa las veintidós letras del alfabeto hebreo para formar un acróstico que describe las características de una mujer virtuosa. A continuación, permíteme usar a mi esposa, Susan, como ejemplo.

1. Especial (versículos 11-12, 27-29)

   Susan es una mujer muy especial porque ama a su esposo (a mí) y a sus hijos tanto o más que cualquier otra mujer. No siendo críticos sino observacionales, las mujeres de hoy buscan carreras, fama, honor y reconocimiento. Susan, ante todo, buscaba amar y cuidar a su familia. Hoy en día, nuestros hijos, Martha y Lance, son quienes son en gran parte gracias a Susan.

2. Apoyo (versículos 13-20)

Poco después de casarnos, le informé a Susan que íbamos a Illinois para comenzar una iglesia. Ella amablemente me siguió. Vivíamos en un remolque sin aire acondicionado de 8 x 15 pies ubicado en un campo de maíz. A lo largo de los años, ella trabajó a mi lado y me siguió de un lugar de ministerio a otro. No podría haberle pedido un mejor apoyo.

3. Impresionante (versículos 21-27)
   Cuando digo impresionante, no me refiero a este término de una manera mundana. Susan nunca se vistió ni actuó de manera impía, sino que se vistió como la mujer virtuosa con honor y fuerza. Ella cuidaba su cuerpo como un templo de Dios, y me honraba por estar siempre vestida de manera atractiva. Es una mujer hermosa y virtuosa, la mujer más impresionante que he visto en mi vida. Mi corazón todavía salta un latido cuando la miro.

4. Espiritual (versículos 28-31)
   Susan se levanta temprano. Por lo general, tomamos café juntos y repasamos las actividades del día. Ella prepara mi desayuno, y después de que me vaya para el día, va a su lugar especial con un libro de himnos y una Biblia y tiene su tiempo de silencio. Ella siempre busca a Dios. Susan se salvó a la temprana edad de ocho años al pie de su madre. Su amor por Dios es el fundamento de todas sus otras características. Susan es especial, y tengo la bendición de tenerla como mi esposa.

Oración

"Dios, gracias por la bendición de mi esposa y por los años que hemos pasado juntos".

Reflexión Personal

Si estás casado, dile a tu esposa cuánto la quieres y llévala a comer. Si no estás casado, identifica a una mujer virtuosa a la que puedas honrar de alguna manera especial.

"Chiste"

P: ¿Por qué los peces tienen miedo de jugar al voleibol?

R: Podrían quedar atrapados en la red.

Favorito de Susan Claire Springer Smith (esposa del autor) nacida el 21 de mayo, 1950

Plan para compartir hoy

Planea compartir lo que has aprendido y de lo que te reíste con alguien hoy.

CONTRIBUCIONES

Tengo un procedimiento que me gusta seguir cuando estudio la Palabra de Dios. Primero, oro y luego leo el pasaje en varias traducciones diferentes. Después, uso métodos de estudio bíblico inductivo. Estos métodos generalmente consisten en preguntar y responder a una serie de preguntas sobre quién, qué, cuándo, dónde y por qué para cada pasaje. Finalmente, consulto a mis amigos. Mis amigos son los comentarios escritos por varios autores. También me he ganado el respeto hacia los autores al leer sus obras o al escucharlos hablar. A través de mi estudio inductivo, estoy confirmado en lo que creo o convencido de que necesito estudiar más. Intento siempre dar crédito cuando uso las obras de otros. A veces cito a otros, y otras veces provocan un pensamiento en mí que trato de hacer el mío. Mis amigos en el estudio de Proverbios son:

Bailey, Boyd. *A través de los Proverbios*. Eugene: La Casa de la cosecha de 2015. Impreso.

Dykes, David. "9/11-cinco años después: Encontrar esperanza para su futuro". Iglesia Bautista de Green Acres, Tyler, TX. 10 de septiembre del 2006. Sermón.

Garrett, Duane, A. *El nuevo Comentario Americano*. Vol 14. Nashville: B&H Publishers, 1993. Impreso.

Laird, Douglas L. *Porqué preocuparse*. Litchfield Park, AZ: Ministerios de Mayordomía Cristiana, 1993. Impreso.

Phillips, John. *Explorar los proverbios: Un comentario explicativo*. Vol 1. Grand Rapids: Kregel, 1995. Impreso.

Phillips, John. *Explorar los proverbios: Un comentario explicativo*. Vol 2. Grand Rapids: Kregel, 1996. Impreso.

Warren W. Wiersbe, *ser hábiles*. Colorado Springs: Cook, 1995. Impreso.

AUTOR

El Dr. Mike Smith
Presidente de la Universidad de Jacksonville

El Dr. Smith tiene varios grados académicos, como un asociado de Artes de Blinn College y una licenciatura de la Universidad de Baylor, una maestría en divinidad y un maestro de educación religiosa de Southwestern Baptist Theological Seminary en Fort Worth. Tiene un doctorado ganado del Luther Rice Seminary, así como un grado de doctorado y un doctorado del seminario meridional en Louisville, Kentucky.

El Dr. Smith ha impartido cursos como profesor adjunto en el misionero Asociación Seminario Teológico Bautista de Jacksonville y de Southwestern Baptist Theological Seminary en Fort Worth. Ha servido en el College Board de Jacksonville de visitantes y también ha sido miembro de la Junta de Síndicos de la Universidad.

El Dr. Smith había pastoreado iglesias durante 17 años en Texas en Gatesville, Frost, vista al valle, Edom y Terrell. Ha trabajado con la Home Mission Board de la Convención Bautista del Sur como un plantador de iglesias en Illinois y ha servido como 2 º vicepresidente de la Junta de misión internacional para el SBC. Desde 1995 hasta 2008, Smith era Director de las misiones de la zona de Bautista Cornejo senderos en Jacksonville. Antes de eso, fue Director de las misiones en el área de Bautista de montaña doble en Stamford, Texas durante ocho años. Se desempeñó como Director el Ministro iglesia del Departamento de relaciones para la Convención de los bautistas de Texas sur durante tres años antes de convertirse en Presidente de la Universidad de Jacksonville en 2011.

Franklin Publishing

El objetivo de Franklin Publishing es que pastores, evangelistas, misioneros y cristianos líderes y presentadores a convertirse en autores publicados. Convertirse en un autor publicado extiende su influencia y su Ministerio basa. Puede escribir la serie de libro o sermón que Dios ha puesto en tu corazón. Podemos recorrer ese camino contigo.

www.FranklinPublishing.org

Venga a visitar nuestra página de Facebook y su gusto y siga con nosotros para seguir escribiendo consejos y novedades.

www.facebook.com/FranklinPublishing

The goal of Franklin Publishing is to enable Pastors, Evangelists, Missionaries, and Christian leaders and presenters to become published authors. Becoming a published author expands your influence and builds your ministry. You can write the book or sermon series which God has laid on your heart. We can walk that road with you.

Come and visit our Facebook page and be sure to like and follow us to keep up with writing tips and new developments.

FRANKLIN
PUBLISHING

www.ingramcontent.com/pod-product-compliance
Lightning Source LLC
LaVergne TN
LVHW091202080426
835509LV00006B/798